Muhammad Prophète de l'Islam Quizz 200 Questions Réponses

WBwinner Publishing

Published by WBwinner Publishing, 2024.

MUHAMMAD PROPHÈTE DE L'ISLAM QUIZZ 200 QUESTIONS RÉPONSES

First edition. March 19, 2024.

ISBN: 979-8224453535

Written by WBwinner Publishing.

Also by WBwinner Publishing

Islam Quiz 300 Questions Answers
Quizz Islam 300 Questions Réponses
Muhammad Prophète de l'Islam Quizz 200 Questions Réponses
My First Book About Prophet Muhammad - Quizz 200 Questions Answers
Thank you from heart for helping me grow

TABLE DE MATIERES

Introduction

A propos du Prophète de l'islam (sws)

Mohamed, Muhammad ou Mohammed est le dernier des prophètes et le messager de Dieu à l'humanité avec la dernière des religions monothéistes, l'Islam. Son plus grand miracle est le Coran, le livre saint de la religion musulmane révélée au VIIème siècle en Arabie. Les musulmans tiennent la « Sunna Nabawyia » d'après les actes et les paroles du prophète (sws).

A propos de ce Livre

Ce Livre Prophète de l'Islam MUHAMMAD 200 Questions-Réponses est un Livre de Culture générale sur le Prophète Mohammed (sws). Ce Livre a été conçu pour un apprentissage à la fois didactique et ludique pour Enfants/Adultes. C'est une idée géniale pour vous initier et vous perfectionner en culture générale islamique, mais aussi de développer ses connaissances sur le Prophète Muhammad (sws).

Contenu de ce Livre

Grâce à ce Livre de jeux de quizz islam, vous allez tester vos connaissances générales sur le Prophète de l'Islam Muhammad (sws) et jouer en solo, entre amis ou en famille. Ce quizz consiste en une série de 200 questions pour lesquelles il y a une seule bonne réponse.

Caractéristiques de ce Livre :

✓ 200 Questions Réponses

✓ Avec solutions en fin du Livre

✓ 5 Thèmes : Vie du Prophète (saws) – Famille du Prophète (saws) – Batailles du Prophète (saws) – Compagnons du Prophète (saws) – Culture générale de l'islam.

✓ Taille du Livre : 15.24×22.86 cm

THEME 1 : Vie du Prophète (saws)

1- Quel âge avait le prophète (saws) quand sa mère est morte ?
A) 3 ans
B) 6 ans
C) 8 ans

2- Quel est le mois de naissance du prophète (sws) par rapport au calendrier lunaire :
A) Mouharram
B) Rabi' Al-Awwal
C) Chaabane

3- Qui a pris en charge le prophète après la mort de sa mère ?
A) Abdul Mu'talib
B) Abu Hurairah
C) Abu Talib

4- Comment était surnommé le Prophète Mohammad (sws) avant d'être Prophète (avant la première révélation) ?
A) Le véridique / Le maitre
B) Le patient /Le gentil
C) Le véridique (As-sadiq)/ Le digne de confiance (Al-Amine)

5- Le Prophète (sws) est mort le 12 Rabi' Al-Awwal en l'an combien de l'Hégire ?
A) 9
B) 10
C) 11

6- A qui le Prophète (sws) confia l'expédition pour le Shem avant sa mort alors qu'il n'avait pas encore 18 ans ?
A) Zayd Ibn Harithah
B) Mu'adh Ibn Jabal
C) Oussema Ben Zeyed

7- Lors du voyage nocturne (Isra wal Mi'raj), quel est le Prophète qui suggéra à Muhammad d'invoquer Dieu pour qu'il réduise le nombre de prières qui était de 50 ?

A) Moussa (Moise)

B) Issa (Jésus)

C) Ibrahim (Abraham)

8- L'année de naissance du prophète Mouhammad (saws) est appelée par l'islam :

A) L'année de l'éléphant

B) L'année de la vache

C) L'année du cheval

9- Après avoir reçu la visite de l'ange Jibril, Mohammed (sws) dévale la montagne apeuré. Auprès de quelle personne cherche-t-il le réconfort ?

A) Son oncle

B) Son épouse Khadija

C) Son grand-père

10- Abou Bakr a été désigné par la Prophète (sws) pour diriger le pèlerinage du Hajj en quelle année de la Hijrah ?

A) 7ème année de l'Hégire

B) 9ème année de l'Hégire

C) 12ème année de l'Hégire

11- Quel âge avait le Prophète (sws) lorsqu'il a voyagé au Sham (Syrie) pour la première fois avec son oncle Abou Talib ?

A) 6 ans

B) 12 ans

C) 20 ans

12- Quel prophète a fait le voyage nocturne, a visité les 7 ciels et a vu des prophètes ?

A) Ibrahim (Abraham)

B) Mohammad (saws)

C) Issa (Jésus)

13- Qui est le Prophète de l'Islam, le dernier Prophète pour l'humanité entière, le Prophète dont Allah a révélé le Coran ?
A) Issa (Jésus)
B) Mohammad (saws)
C) Ibrahim (Abraham)

14- Quel âge avait le Prophète (sws) lorsqu'il émigra à Médine ?
A) 53 ans
B) 56 ans
C) 63 ans

15- Quel âge avait le Prophète (sws) lors du voyage nocturne ?
A) 40 ans
B) 45 ans
C) 50 ans

16- Pendant combien de temps le Prophète (sws) et Abou Bakr se sont abrités dans la grotte de Thawr ?
A) 3 jours
B) 14 jours
C) 30 jours

17- Où est né Mouhammad ?
A) Médine
B) Bagdad
C) La Mecque (Makka)

18- A quelle époque a vécu Mouhammad ?
A) IV-V ème siècle
B) VI-VII ème siècle
C) VIII-IX siècle

19- Quel métier exerça Mouhammad (saws) ?
A) Berger
B) Médecin

C) Avocat

20- Où se réfugie Mouhammad (saws) après sa fuite de la Mecque ?

A) Le Caire

B) Médine

C) Damas

21- De quel peuple fait partie Mouhammad (saws) ?

A) Les Byzantins

B) Les Arabes

C) Les Francs

22- Où Mouhammad (saws) reçoit-il les paroles de Dieu ?

A) La grotte Hira

B) Le désert

C) La grotte Thour

23- Le prophète (saws) a entendu ...

A) Les paroles d'Allâh

B) Les paroles de son père

C) Les paroles de Jésus

24- Mouhammad (saws) a-t-il-connu ses parents ?

A) Oui

B) Non, il était orphelin

C) Peut-être

25- Le prophète Mouhammad (saws) est né en

A) 570 après J-C

B) 600 après J-C

C) 670 après J-C

26- Le père du prophète Mouhammad (saws) est mort avant ou après la naissance du prophète Mouhammad (saws) ?

A) Avant sa naissance

B) Après sa naissance

27- En quelle année le prophète Mouhammad (saws) émigre vers la ville de Yathrib, qui deviendra La Médine, et cela marque le début du calendrier musulman ?

A) 612 après J-C

B) 622 après J-C

C) 632 après J-C

28- Quel âge avait le prophète Mouhammad (saws) lorsque son vieux grand-père décéda ?

A) 6 ans

B) 8 ans

C) 10 ans

29- La vie de Mouhammad (saws) est fixée à partir de trois principaux ensembles de sources musulmanes. Lesquels ?

A) Chafiisme– Hanafisme –Hanbalisme

B) Le Coran – La Bible – Le Torah

C) Le Coran – Les Sira – Les Hadiths

30- Qui amenait la nourriture au prophète et à Abou Bakr quand ils étaient dans la grotte de Thawr ?

A) Khadija

B) Asma bint Abu Bakr

C) Aicha

31- A quel âge le prophète a reçu la visite de l'ange Jibril (Gabriel) et lui aurait transmis la Révélation (Paroles de Dieu) ?

A) 20 ans

B) 30 ans

C) 40 ans

32- Qui avaient élevé successivement le prophète après la mort de ses parents ?

A) Abdou Al-Muttalib puis Abou Talib

B) Abbes puis Abou Talib

C) Hamza puis Abou Talib

33- A quel âge a-t-il épousé Khadija ?

A) 25 ans

B) 30 ans

C) 40 ans

34- Combien de temps est-il resté à la Mecque avant d'émigrer ?

A) 10 ans

B) 13 ans

C) 15 ans

35- Quel âge avait le prophète lorsque les premiers signes de la prophétie furent découverts ?

A) dès sa naissance

B) 6 ans par son oncle Abou Talib

C) 12 ans par un moine nommé Bahira

36- Quel miracle (Le livre saint de la religion musulmane) a-t-il apporté aux hommes ?

A) Le Torah

B) l'Evangile

C) Le Coran

37- Laquelle des femmes suivantes a vu son mari le prophète (saws) mourir chez elle ?

A) Hafsa

B) Aicha

C) Khadija

38- Quel aliment est le plus consommé par le prophète ?

A) les dattes et l'eau

B) le pain

C) la viande

39- Combien de fois le prophète (saws) est-il allé en pèlerinage durant toute sa vie ?

A) 0

B) 1

C) 3

40- Après dix ans de sa mission, le prophète a perdu deux personnes importantes. Lesquels ?

A) ses fils Quassim et Abdullah

B) son oncle Abou Talib et sa femme Khadija

C) son grand-père Abdul Muttalib et son oncle Abou Talib

41- Le prophète a fait deux grands voyages. Lesquels ?

A) Mecque et Médine

B) Cham et Egypte

C) Isra et Miraj

42- A quel âge le prophète (sws) mourut à Médine ?

A) 50 ans

B) 63 ans

C) 70 ans

43- Le Prophète Mohammad (saws) a-t-il laissé à sa mort des héritiers mâles ?

A) Non

B) Oui

C) Peut être

44- Parmi tous les prophètes d'Allah, un seul peut intercéder en faveur de sa nation le jour de la résurrection, lequel ?

A) Issa (Jésus)

B) Le Prophète Mouhammad (saws)

C) Ibrahim (Abraham)

45- Quel est le nom de la chamelle qui appartenait au prophète (saws) ?

A) Ibel

B) Djimal

C) Al Qaswa'a

46- Certains des miracles du Prophète (saws) sont :

A) Rendre la vue aux aveugles – Ressusciter les morts

B) Le bâton se transformant en serpent – La main à la blancheur éclatante

C) Le Coran – La fente de la lune en deux – L'eau qui surgit entre ses doigts

47- En quelle année hégirienne, le prophète (saws) a-t-il effectué le pèlerinage ?

A) an 8

B) an 10

C) an 12

48- Vers la fin de sa vie, qui le Prophète désignait-il pour guider la prière ?

A) Abou Bakr

B) Umar Ibn Al Khattab

C) Ali Ibn Abi Taleb

49- Quelle fut la première étape du prophète (saws) dans la construction de la société Médinoise ?

A) Le pacte de fraternité

B) Le pacte avec les tribus juives

C) La construction de la mosquée

50- Quelle est la première bataille victorieuse des musulmans sous le commandement du prophète (saws) contre les Quraychites de la Mecque ?

A) Khaybar

B) Badr

C) Uhud

51- A quelle tribu le prophète appartient-il (aussi une sourate du Coran) ?

A) Kouraych

B) Banu Qaynuqa[1]

C) Banû Nâdir[2]

52- Où le prophète (saws) a-t-il vécu ?
A) Seulement à la Mecque
B) A Médine puis à la Mecque
C) A la Mecque puis à la Médine

53- Comment s'appelait la monture qui a permis au prophète (saws) de voyager de la Mecque à Jérusalem en une nuit ?
A) Al Bouraq
B) Al-Qaswa
C) Pégase

---

1. https://fr.wikipedia.org/wiki/Banu_Qaynuqa

2. https://fr.wikipedia.org/wiki/Banu_Nadir

THEME 2 : Famille du Prophète (saws)

54- La mère du prophète (sws) s'appelait
     A) Aicha
     B) Fatima
     C) Amina

55- Quelle est la femme du Prophète (sws) après avoir été capturée lors de l'attaque de sa tribu al-Mustaliq en 627 ?
     A) Khadija
     B) Juwayriya bin al-Harith
     C) Aisha

56- La famille du prophète (saws) est hachémite par référence à son arrière-grand-père :
     A) Abou Talib
     B) Wahb ibn `Abd Al-Manaf
     C) Hâchim ibn `Abd Manaf[3]

57- Mohammad (sws) avait un esclave qui était devenu son fils adoptif et cité dans le Coran. Lequel ?
     A) Zayd Ibn Harithah
     B) Anas Ibn Malik
     C) Zayd Ibn Thabet

58- Parmi ses enfants, combien ont survécu au Prophète (sws) ?
     A) Aucun
     B) 1 seul de ses enfants
     C) 3

59- Qui a été la toute première nourrice du Prophète (saws) ?
     A) Thouwaybah
     B) Soumaya
     C) Fatimah

60- Qui était Wahb Ibn Abd Manaf par rapport au prophète (saws) ?
     A) Le grand-père maternel

3. https://fr.wikipedia.org/wiki/Hashim_ibn_Abd_al-Manaf

B) L'oncle

C) Le cousin

61- Qui est l'oncle paternel du prophète (saws) et fut nommé « Lion de Dieu » pour son courage et sa bravoure ?

A) Al Abbas

B) Hamza Ibn Abdou Al-Muttalib

C) Khalid Ibn Al-Walid

62- Quelle fut la première femme du prophète (saws), marchande aristocrate, de la tribu mecquoise des Banu Asad des Quraych ?

A) Aïcha

B) Fatima

C) Khadija

63- Quelle est la petite fille du Prophète (saws), fille de Abu Al-As Ibn Al-Rabi' et de Zaynab la fille ainée du prophète (sws), épousa Ali Ibn Abi Taleb après la mort de sa tante Fatima az-Zahra ?

A) Umamah bint Zaynab

B) Asma

C) Fatima

64- Quelle est la mère adoptive et la nourrice du prophète (saws), de la tribu de Sa'd ?

A) Halima as-Sa'diyyah

B) Aïcha

65- Qui est le cousin du prophète (saws) et le 4ème calife de l'islam ?

A) Abou Baker Seddik

B) Ali Ibn Abi Talib

C) Othmane Ibn Affene

66- Le père de Mouhammed (saws) s'appelait

A) Abdu Allah

B) Abdoul Muttalib

C) Ibrahim

67- Qui sont les petits-fils du prophète (sws) « les deux maitres de la jeunesse du Paradis » les fils de Ali Ibn Abi Taleb et de Fatima Zahra la fille du prophète (sws)?

A) Ibrahim & Al Qacim

B) Al Hassan & Al Husain Ibn Ali

C) Abbes & Hamza

68- Le prophète avait...

A) 2 filles et 2 fils

B) 4 filles et 3 fils (Fatima, Zaynab, Roukayya, Oum Kalthoum, Quassim, Ibrahim, Abdoullah)

C) 7 filles et 7 fils

69- Quels sont les enfants que le prophète (saws) avait élevés ?

A) Talha et Zoubayr

B) Almughira et Muawiya

C) Ali et Zayd Ibn Haritha

70- Qui est l'une des filles du prophète et de Khadija, la femme de Abou al-Aas ibn al-Rabi' ?

A) Oum Kalthoum

B) Roukaya

C) Zaynab

71- Quelle est la petite fille du Prophète (saws), fille de Ali Ibn Abi Taleb et Fatima Zahra, décédée au Caire ?

A) Zaynab bint Ali

B) Asma

C) Fatima

72- Comment s'appelaient les parents du prophète (sws) ?

A) Abdullah et Amina

B) Omar et Halima

C) Jaafer et Asma

73- Quelle est la dernière épouse du prophète Muhammed (saws) ?
   A) Hafsa
   B) Maymouna
   C) Zaynab

74- Comment se nomme l'oncle du prophète (saws) qui a combattu le prophète (sws) cité dans la sourate 111 du Coran, intitulé Al-Massad ?
   A) Abou Lahab
   B) Abou Sofien
   C) Muawiya

75- Qui est la femme du prophète (sws) et fille du calife Omar Ibn Al-Khattab ?
   A) Khadija
   B) Hafsa
   C) Aïcha

76- Qui est le mari de Fatima, fille du Prophète (sws) ?
   A) Abou Bakr
   B) Ali Ibn Abi Taleb
   C) Omar Al Khattab

77- Comment se nommait la fille d'Abou Sofiane qui s'est mariée avec le Prophète (saws) ?
   A) Aicha
   B) Khadija
   C) Oum Habiba Ramla

78- La généalogie du Prophète (sws) s'arrête à quel prophète ?
   A) Ismai'l (Ismaël)
   B) Issa (Jésus)
   C) Moussa (Moise)

79- Quelle est la femme qu'Allah a mariée au Prophète (sws) ?

A) Aicha

B) Khadija

C) Zaynab bint Jahch

80- Quelles sont les tantes du prophète (sws) ?

A) Aicha-Khadija-Zaynab-Hafsa-Sawda-Maaymouna

B) Oumayma-Bourra-OmHakim-Safia-Atika et Arwa

81- Avec qui s'est marié le prophète (sws) après la mort de Khadija ?

A) Aicha

B) Hafsa

C) Sawda bint Zamaa

82- Comment se nommait la femme du prophète que l'on appelait oumm al masâkin (la mère des démunies) ?

A) Zaynab bint Jahch

B) Zaynab bint Khouzayma

C) Khadija

83- Comment s'appelait la tante du prophète qui a tué un juif avec un bâton alors qu'il rodait autour des maisons des musulmanes dans la bataille des coalisés ?

A) Safiya bint Abdil moutallib

B) Khadija

C) Aicha

84- De l'union du prophète (sws) et de quelle femme est né « Ibrahim » ?

A) Zaynab bint Jahch

B) Khadija

C) Maria Al-Qibtiyya (Maria La Copte)

85- Qui est Al-Abbas, le père de Maymouna (femme du prophète) ?

A) L'oncle du prophète

B) Le grand-père du prophète

C) Le cousin du prophète

86- Quelle est la troisième épouse du prophète (sws) et fille de Abu Bakr Al-Siddiq ?

A) Maria Al- Qibtiyya

B) Oum Salama

C) Aïcha

87- Quelle est la fille du Prophète (saws), la seule à vivre encore après sa mort, considérée par les musulmans comme az-Zahra (la brillante) ?

A) Zaynab

B) Asma

C) Fatima

88- Quelle est cette nourrice du Prophète (saws), épouse de Zayd Ibn Harithah et mère de Usama Ibn Zayd ?

A) Thouwaybah

B) Halimah

C) Oumm Ayman

89- Quelle est l'épouse du prophète (sws), appartenant à la tribu des Banu al-Nadir et d'origine juive ?

A) Safiya bint Houyay

B) Oum Salama

C) Aïcha

90- Quelle est l'épouse du prophète (sws), appartenant au clan Makhzum de la tribu des Quraysh et fille d'Abu Umayya Huzaifa bin Al Mughira ?

A) Asma

B) Oumm Salama

C) Aïcha

91- Comment s'appelait la grand-mère du Prophète (saws) et la femme de Abd Al Muttalib, appartenant au clan de Banu Makhzum ?

A) Fatimah Bint Amr

B) Hafsa

C) Safyyia

92- Qui est l'un des oncles du prophète (sws) qui eut plusieurs fils dont Abou Sofien, Rabi'ah et Ubaydah ?

A) Al Abbas

B) Al Harith Ibn Abd Al Muttalib

C) Hamza

93- Qui est Abd Allah Ibn Abbas par rapport au prophète (saws), un des premiers experts du Coran et du Sunna ?

A) oncle

B) gendre

C) cousin paternel

94- Qui est Ja'far Ibn Abi Taleb, fils de Abu Taleb Ibn Abd al-Muttalib et le frère de Ali Ibn Abi Taleb, le 4ème calife, par rapport au prophète (saws) ?

A) cousin paternel

B) gendre

C) oncle

95- Qui est l'une des filles du prophète (sws) et de Khadija, la femme de Utaybah Ibn Abou Lahab puis de Othman Ibn Affan, 3ème calife du prophète (sws) ?

A) Oum Koulthoum

B) Roukaya

C) Zaynab

96- Qui est l'une des filles du prophète (sws) et de Khadija, la femme de Utbah Ibn Abou Lahab puis de Othman Ibn Affan, 3ème calife du prophète (sws) ?

A) Oum Koulthoum

B) Ruqayya

C) Zaynab

97- Qui est Umayya Ibn 'Abd Shams, l'ancêtre et l'éponyme de la

dynastie des Omeyyades (661-750), par rapport au prophète (saws) ?
A) grand-oncle paternel
B) cousin
C) gendre

THEME 3 : Batailles du Prophète (saws)

98- Quelle est la première bataille où le prophète (sws) a combattu ?

A) Al-Abwa

B) Khandak

C) Badr

99- Quand la Mecque a t-elle été prise par le Prophète (sws) ?

A) 15 Muharram, 6anné de l'Hégire

B) 20 Ramadan, 8 année de l'Hégire

C) 12 Rabi Al-Awwal, 10ème année de l'Hégire

100- Quel était le nombre de martyrs de la bataille d'Uhud?

A) 10

B) 70

C) 200

101- Quelle bataille[4] a opposé, lors de la 7ème année de l'Hégire[5], le prophète Mouhammad (saws) [6]et ses fidèles musulmans aux Juifs[7] vivant dans l'oasis[8] de Khaybar, située à 50 kilomètres de Yathrib, actuelle Médine[9] ?

A) Badr

B) Khaybar

C) Uhud

102- En quelle année de l'hégire s'est déroulée la bataille d'Uhud ?

A) 2ème année

B) 3ème année

C) 4ème année

103- En quelle année de l'Hégire, eu lieu la bataille Bani An-Nadir qui a été citée dans le coran ?

A) 4ème année

B) 6ème année

C) 8ème année

4. https://fr.wikipedia.org/wiki/Batailles_de_Mahomet

5. https://fr.wikipedia.org/wiki/H%C3%A9gire

6. https://fr.wikipedia.org/wiki/Mahomet

7. https://fr.wikipedia.org/wiki/Juifs

8. https://fr.wikipedia.org/wiki/Oasis

9. https://fr.wikipedia.org/wiki/M%C3%A9dine

104- Quel était le nombre de musulmans lors de la conquête de la Mecque ?

A) 1 000

B) 10 000

C) 100 000

105- Quelle première expédition, lors de la 2ème année de l'Hégire[10], mené le prophète Mouhammad (saws) [11]pour récupérer les biens des Muhajirun et s'est déroulé sans combat ?

A) Al-Abwâ[12]

B) Badr

C) Uhud

106- Quelle bataille[13] a opposé, lors de la 8ème année de l'Hégire[14], le prophète Mouhammad (saws) [15]et ses fidèles musulmans aux tribus de Hawazin et de Thaqif entre La Mecque et Ta'if et nommée dans le Coran ?

A) Badr

B) Khaybar

C) Hunayn

107- Quelle bataille[16] a opposé, lors de la 5ème année de l'Hégire[17], le prophète Mouhammad (saws) [18]et ses fidèles musulmans à une coaliation des Quraychites, Banu Qurayza, Banu Nadhir et d'autres ?

A) Badr

B) Coalisés (Fossé)

C) Uhud

108- Quelle bataille[19] a opposé, lors de la 8ème année de l'Hégire[20], le prophète Mouhammad (saws) [21]et ses fidèles musulmans à une armée byzantine ?

A) Mu'tah

B) Badr

10. https://fr.wikipedia.org/wiki/H%C3%A9gire

11. https://fr.wikipedia.org/wiki/Mahomet

12. https://fr.wikipedia.org/wiki/Exp%C3%A9dition_d%27Al-Abw%C3%A2

13. https://fr.wikipedia.org/wiki/Batailles_de_Mahomet

14. https://fr.wikipedia.org/wiki/H%C3%A9gire

15. https://fr.wikipedia.org/wiki/Mahomet

16. https://fr.wikipedia.org/prwiki/Batailles_de_Mahomet

17. https://fr.wikipedia.org/wiki/H%C3%A9gire

18. https://fr.wikipedia.org/wiki/Mahomet

19. https://fr.wikipedia.org/wiki/Batailles_de_Mahomet

20. https://fr.wikipedia.org/wiki/H%C3%A9gire

21. https://fr.wikipedia.org/wiki/Mahomet

C) Uhud

109- En quelle année de l'hégire a eu la paix d'Al-Hudaybiya ?

    A) $2^{\text{ème}}$ année

    B) $4^{\text{ème}}$ année

    C) $6^{\text{ème}}$ année

110- Quelle était la première bataille victorieuse des musulmans contre les Quraychites de la Mecque ?

    A) Badr

    B) Uhud

    C) Khaybar

111- Comment s'appelle la dernière bataille où le prophète a assisté ?

    A) Badr

    B) Tabouk

    C) Hounayn

112- Combien de batailles le prophète (saws) a-t-il assisté ?

    A) 17

    B) 27

    C) 37

113- Comment s'appelait la femme qui a combattu dans la bataille d'Uhud au côté du Prophète (sws) et a tué les mécréants jusqu' à avoir 12 blessures ?

    A) Oum Amara

    B) Hafsa

    C) Aicha

114- Qui a donné l'idée au prophète de creuser une tranchée dans la bataille des coalisés ?

    A) Ali Ibn Abi Taleb

    B) Khaled Ibn Al-Walid

    C) Salman Al Farisi

115- Quelle bataille[22] a opposé, lors de la 8ème année de l'Hégire[23], le prophète Mouhammad (saws) [24]et ses fidèles musulmans aux Quraychites et a vu la prise de La Mecque et la victoire des musulmans ?

A) Mecque

B) Badr

C) Uhud

116- Quelle bataille[25] a opposé, lors de la 8ème année de l'Hégire[26], le prophète Mouhammad (saws) [27]et ses fidèles musulmans aux byzantins, revanche de la bataille de Mu'ta ?

A) Badr

B) Tabouk

C) Uhud

117- Quelle bataille[28] a opposé, lors de la 8ème année de l'Hégire[29], les fidèles du prophète Mouhammad (saws) [30]à Hawazin, à 65 kilomètres à l'est de La Mecque ?

A) Badr

B) Uhud

C) Siège de Taif

118- Quand eut lieu la bataille de Badr ?

A) Le vendredi 21 du mois de Cha'ban de l'an 2

B) Le lundi 28 du mois de Ramadan de l'an 2

C) Le vendredi 17 du mois de Ramadan de l'an 2

---

22. https://fr.wikipedia.org/wiki/Batailles_de_Mahomet

23. https://fr.wikipedia.org/wiki/H%C3%A9gire

24. https://fr.wikipedia.org/wiki/Mahomet

25. https://fr.wikipedia.org/wiki/Batailles_de_Mahomet

26. https://fr.wikipedia.org/wiki/H%C3%A9gire

27. https://fr.wikipedia.org/wiki/Mahomet

28. https://fr.wikipedia.org/wiki/Batailles_de_Mahomet

29. https://fr.wikipedia.org/wiki/H%C3%A9gire

30. https://fr.wikipedia.org/wiki/Mahomet

THEME 4 : Compagnons du Prophète (sws)

119- 13 ans après la Révélation, le Prophète (sws) reçoit la permission d'émigrer. Quel compagnon a eu l'honneur et le privilège de l'accompagner vers Médine ?

A) Abou Bakr

B) Ali Ibn Abi Talib

C) Omar Ibn Al Khattab

120- Le Prophète Mouhammad (sws) a dit « Le Trône du Miséricordieux a tremblé à la mort de ... ». Qui est ce compagnon connu pour sa détermination, sa ténacité à soutenir la vérité, la religion de l'islam ?

A) Ali Ibn Abi Talib

B) Saa'd Ibn Mu'adh

C) Omar Ibn Al Khattab

121- Quel compagnon du Prophète (sws), fils de Utbah Ibn Rabi'ah du clan des Banu Abd-Shams de Quraych ?

A) Talhah Ibn 'Ubaid Allah

B) Khalid Ibn Al Walid

C) Abu Hudhayfa Ibn Utba

122- Qui est l'un des compagnons du prophète (saws), un des premiers à se convertir en islam et commandant de la bataille d'Al Qadissiyya ?

A) Sa`d ibn Abi Waqqas

B) Zubayr Ibn Al-Awwam

C) Ali Ibn Abi Taleb

123- Comment s'appelait le compagnon qui a été accusé avec Aïcha dans le propos mensonger (al ifk) ?

A) Salman Al-Farisi

B) Abdou Allah ibn jahch

C) Safwâne ibn mouaattal

124- Qui est Sayf Allāh al-Maslūl (Sabre dégainé de Dieu) général et compagnon du prophète (sws) et l'un des plus grands stratèges militaires de tous les temps ?

A) Amr Ibn Al-A's

B) Saa'd Ibn Mu'adh

C) Khalid Ibn Al-Walid

125- Qui est le premier muezzin (membre de la mosquée chargé des appels de la prière) de l'islam et compagnon du prophète (sws) ?

A) Bilal ibn Rabâh

B) Salman Al Farisi

C) Khalid Ibn Al-Walid

126- Qui est le compagnon du prophète (sws), l'un des représentants chargés de veiller à l'application des articles du serment d'al-'Aqaba[31] et participa à la bataille de Badr[32] ?

A) Bilal ibn Rabâh

B) Salman Al Farisi

C) Abdou Allah Ibn Rawaha

127- Qui est 'Abd al-Rahman Ibn Saakhr ad-Dawsi, cèlèbre sahabi ou compagnon du prophète (sws), l'un des plus grands narrateurs de hadith ?

A) Ali Ibn Abi Taleb

B) Abu Huraira

C) Salman Al Farisi

128- Qui est le successeur du prophète (saws), premier calife de l'islam et compagnon du prophète (saws) ?

A) Omar Ibn Al Khattab

B) Abu Bakr Al-Siddiq

C) Ali Ibn Abi Taleb

129- Qui est le gouverneur d'Egypte des omeyyades et compagnon du prophète (saws) ?

A) Amr Ibn Al-As

B) Othman Ibn Affan

C) Khalid Ibn Al-Walid

130- 4 califes se sont succédé à Mouhammad (saws) entre 632 et

31. https://fr.wikipedia.org/wiki/Le_second_serment_d%27all%C3%A9geance_d%27al-%27Aqaba

32. https://fr.wikipedia.org/wiki/Badr

661. Qui sont-ils ?

A) Omar – Othman – Ali – Mu'awyia

B) Abou Bakr–Amr – Talha – Ali

C) Abou Bakr– Omar – Othman – Ali

131- Qui est mort assassiné poignardé dans le dos alors qu'il priait, compagnon du prophète (saws) et conjoint de Asma la fille de Abu Bakr Al-Siddiq ?

A) Zubayr Ibn Al-Awwam

B) Othman Ibn Affan

C) Khalid Ibn Al-Walid

132- Qui est un compagnon du prophète (saws), connu par son zuhd et son indulgence, était autrefois marchand, prédicateur, cadi, faqih et muhaddith ?

A) Abu Bakr al-Siddiq

B) Abu ad-darda'a

C) Ali Ibn Abi Taleb

133- Quel compagnon du Prophète Mohammad (saws) a marqué la période post-prophétique par sa justice ?

A) Haroun Arrachid

B) Othman

C) Omar Ibn Al-Khattab

134- Qui est le compagnon du prophète (saws), de Bani Najjar, hôte du prophète (saws) durant ses 7 premiers mois à Médine suite à l'Hégire ?

A) Abu Ayyub al-Ansari

B) Salman Al Farisi

C) Abdoullah Ibn Rawaha

135- Quel compagnon du Prophète (sws) (l'un des dix promis au Paradis), cousin d'Abu Bakr, jouant un rôle important lors de la bataille d'Uhud et mort pendant la bataille du chameau en 656 ?

A) Talhah Ibn 'Ubaid Allah

B) Khalid Ibn Al Walid

C) Mus'ab Ibn Oumair

136- Quel compagnon du Prophète (saws) (l'un des dix promis au Paradis), mort au combat lors de la de la bataille d'Uhud ?

A) Talhah Ibn 'UbaidAllah

B) Khalid Ibn Al Walid

C) Mus'ab Ibn Oumair

137- Quel compagnon du Prophète (sws) (l'un des dix promis au Paradis), se nommait auparavant 'AbdalKa'aba, l'un des premiers convertis à l'islam et connu pour sa grande générosité ?

A) Talhah Ibn 'UbaidAllah

B) Abd ar-Rahman Ibn 'Awf

C) Mus'ab Ibn Oumair

138- Quel compagnon du Prophète (sws) (l'un des dix promis au Paradis), au sujet duquel le prophète (saws) nous informa qu'il est le garant de la communauté, a commandé les armées musulmanes pendant la conquête de la Syrie ?

A) Ubaida Ibn Al-Djarrah

B) Abd ar-Rahman Ibn 'Awf

C) Mus'ab Ibn Oumair

139- Quel compagnon du Prophète (sws) (l'un des dix promis au Paradis), époux de Fatimah bint al-Khattab sœur de Omar Ibn Al Khattab ?

A) Sa'id Ibn Zayd

B) Abd ar-Rahman Ibn 'Awf

C) Mus'ab Ibn Oumair

140- Qui est le successeur du prophète (saws), premier calife de l'islam et compagnon du prophète (saws) ?

A) Omar Ibn Al Khattab

B) Abu Bakr Al-Siddiq

C) Ali Ibn Abi Taleb

141- Quel compagnon du Prophète (sws), parfois nommé Abdullah Ibn Umm Abd, est une source importante d'interprétation du Coran ?

A) Abdullah Ibn Masud

B) Abd ar-Rahman Ibn 'Awf

C) Mus'ab Ibn Oumair

142- Quel compagnon du Prophète (sws), un des six ambassadeurs que le prophète (sws) a envoyé avec des lettres à de nombreux dirigeants du monde les invitant à l'islam à la 6ème année de l'Hégire ?

A) Abd Allah Ibn Mas'ud

B) Abd Allah Ibn Rawaha

C) Abd Allah Ibn Hudhaifa as-Sahmi

143- Quel compagnon du Prophète (sws), fut le gouverneur de Bassorah et de Koufa ?

A) Abou Houraira

B) Abou Moussa al-Achari

C) Abdoullah Ibn Rawaha

144- Quel compagnon du Prophète Mohammad (saws), son beau-fils, a épousé les deux filles de Mouhammad Ruqayyah et Oumm Koulthoum et le 3ème calife, joue un rôle majeur dans la compilation du Coran ?

A) Abou Bakr Al-Siddiq

B) Omar Ibn Al-Khattab

C) Othman Ibn Affan

145- Quel compagnon du Prophète (sws), de la tribu de Banu Qaynuqa, était un juif avant sa conversion à l'islam, était un homme pieux, sage et versé dans les écritures saintes ?

A) Abdullah Ibn Masud

B) Abdullah Ibn Salam

C) Mus'ab Ibn Oumair

146- Quel compagnon du Prophète (sws), était un « Ansar » de la tribu des Khazraj, s'était converti à l'islam avant l'émigration du Prophète (sws), le Prophète (sws) lui engagea comme enseignant et le chargea de transmettre l'islam aux gens et de leur apprendre le Coran ?

A) Abdullah Ibn Masud

B) Abdullah Ibn Salam

C) Muadh Ibn Jabal

147- Quel compagnon du Prophète (sws), fils du deuxième calife Omar et le frère de l'épouse du prophète (Hafsa), était une autorité éminente dans les hadiths et la loi ?

A) Abd ar-Rahman Ibn 'Awf

B) Abdullah Ibn Omar

C) Mus'ab Ibn Oumair

148- Quel compagnon dormit dans le lit du Prophète (saws) lors de l'Hégire ?

A) Ali Ibn Abi Taleb

B) Abou Bakr Al-Siddiq

C) Omar Ibn Al Khattab

149- Quel compagnon du prophète (saws), de Banu Makhzum, ses parents sont Yasir et Soumayah (premier martyr de l'islam), l'un des premiers Qurayshites à embrasser l'islam, participa également à la bataille de Yamamah contre Musaylamah le menteur où il perdit une oreille ?

A) Amr Ibn Al-A's

B) Ammar Ibn Yasir

C) Saa'd Ibn Mu'adh

150- Qui était un ansar, compagnon et scribe personnel du prophète Mohammad (sws) en qui celui–ci a entière confiance ?

A) Zayd Ibn Harithah

B) Anas Ibn Malik

C) Zayd Ibn Thabet

THEME 5 : Culture Générale de l'Islam

151- Qu'est-ce que l'Hégire (Hijra) ?

A) Le voyage de la Mecque à la Médine du Prophète (sws)

B) Le voyage en Irak du Prophète (sws)

C) Le voyage en Palestine du Prophète (sws)

152- Dieu (Allah) dit dans le Coran en parlant du Prophète (sws) : « Nous ne t'avons envoyé que comme ... »

A) Preuve de la grandeur de Dieu

B) Un Serviteur de Dieu

C) Miséricorde pour l'humanité

153- Quelle est l'ancien nom de la ville actuelle de Médine (Ville du Prophète (saws)) ?

A) Chams

B) Al Ta'if

C) Yathrib

154- Où les musulmans se cachaient et apprenaient le Coran à la Mecque ?

A) La maison d'Abou Talib

B) La maison Al Nadwa

C) La maison de Al-Arqam

155- Quelle charte « Le pacte entre les Emigrés et les Ansars et la réconciliation avec les juifs » définit les droits et les devoirs des musulmans, des juifs et des autres communautés dans la guerre qui devait les opposer aux Quraychites ?

A) Constitution de la France

B) Constitution de Mecque

C) Constitution de Médine

156- Quel est le nom du Chrétien qui a révélé la prophétie de Mohammed (saws) et cousin de Khadija épouse du prophète (saws) ?

A) Waraqah

B) Bahira

C) Abrahah

157- Comment se nomme la sourate du Coran qui est en rapport avec un incident entre le Prophète (sws) et un vieil homme aveugle ?

A) Sourate Al Fajr

B) Sourate Al-imran

C) Sourate Abasa

158- Quel était le nom du serment d'allégeance au Prophète (sws) fait de nuit avec gens de la Médine ?

A) Al-Amana

B) Al-Aqabah

C) Al-Arqam

159- La révélation du Coran s'est étalée sur :

A) 10 ans

B) 15 ans

C) 23 ans

160- Que signifie « Mouhammad » ?

A) digne de confiance

B) digne de louanges

C) digne d'amour

161- Citer d'autres noms du Prophète Mouhammad (saws) ?

A) Ali, Omar, Uthman, Abu Bakr

B) Ahmad, Al-Mahi, Abou Al-Qacim

C) Ali, Abou Bakr, Omar, Hamza

162- Comment appelle-t-on les successeurs de Mouhammad (saws) ?

A) Emirs

B) Sultans

C) Califes

163- Où vivaient les tribus juives des Banu Qaynuqa[33], des Banu Qurayza[34] et des Banu Nadir, auxquelles le prophète (saws) eut affaire ?

33. https://fr.wikipedia.org/wiki/Banu_Qaynuqa
34. https://fr.wikipedia.org/wiki/Banu_Qurayza

A) La Mecque

B) La Médine

C) Ta'if

164- Pendant combien de temps l'appel à l'islam s'est-il fait en secret ?

A) 1 an

B) 3 ans

C) 5 ans

165- Quel terme désigne les compagnons du prophète (sws), originaires de Yathreb (Médine) ?

A) Muhâjirûn[35]

B) Ansâr[36]

166- Comment s'appelle la montagne où se trouve la grotte Hira ?

A) Uhud

B) Annour

C) Arafa

167- Que faisaient les compagnons du prophète (sws) après 5 ans de sa mission ?

A) Ils ont construit une mosquée à la Médine

B) Ils ont émigré vers Al Habacha (Abyssinie)

C) Ils ont fait adieu à leurs familles

168- Quel était le guide du prophète et Abou Bakr pendant l'émigration à Médine ?

A) Abdallah ibnou Ouraykit

B) Ali Ibn Abi Taleb

C) Omar Ibn Al Khattab

169- Quel terme désigne un récit traditionnel qui rapporte des paroles et des actions prêtées au prophète (saws) et à ses compagnons ?

A) Sunna

B) Hadith

C) Sahaba

35. https://fr.wikipedia.org/wiki/Muh%C3%A2jir%C3%BBn

36. https://fr.wikipedia.org/wiki/Ans%C3%A2r

170- Quel terme désigne les premiers convertis à l'islam, mecquois, proches du prophète (sws), qui ont émigré avec lui lors de l'Hégire ?

A) Muhâjirûn[37]

B) Ansâr[38]

171- Quel terme désigne les musulmans de la première génération, qui se sont convertis du vivant de Mouhammad (saws) et qui ont donc vécu avec lui ?

A) Sahaba

B) Califes

C) Sunnites

172- Quelle expression utilisée dans l'islam[39] pour désigner les sahaba[40] que Mohammad (saws) aurait promis au paradis[41] (al-Ashara al-Mubasharûn bi-l-Janna) ?

A) Les dix compagnons promis au paradis

B) Les cent compagnons promis au paradis

C) Les sept compagnons promis au paradis

173- Quel terme en arabe désigne la biographie de Mouhammad (saws) ?

A) Coran

B) Sira

C) Sahaba

174- Quel terme désigne les expéditions de type militaire effectuées par des musulmans entre l'Hégire[42] et la mort de Mouhammad (saws) ?

A) Les guerres puniques

B) Les invasions

C) Les batailles de Mouhammad (saws) (Ghazaouates)

175- Quel terme désigne les actions et les paroles du prophète (saws) et qui est la seconde source à la base du droit

37. https://fr.wikipedia.org/wiki/Muh%C3%A2jir%C3%BBn

38. https://fr.wikipedia.org/wiki/Ans%C3%A2r

39. https://fr.wikipedia.org/wiki/Islam

40. https://fr.wikipedia.org/wiki/Sahaba

41. https://fr.wikipedia.org/wiki/Jannah

42. https://fr.wikipedia.org/wiki/H%C3%A9gire

musulman après le Coran ?

A) Sunna

B) Hadith

C) Sahaba

176- Quel terme désigne les membres de la famille (proches) du Prophète Mouhammad (saws), et cité au Coran ?

A) Ahl al-bayt

B) Sahaba

C) Khawarej

177- Qui est un collecteur de hadith, né en 817 à Sistan (Iran) auteur d'une des six collections canoniques de hadiths ?

A) Abu Taleb

B) Abu ad-darda'a

C) Abou Dawoud

178- Quelle est la deuxième mosquée sainte de l'islam après Masjid al-Haram à la Mecque et avant la mosquée d'Al-Aqsa à Jérusalem, abritant le mausolée du Prophète (saws), appelée Al-Masjid Al-Nabawi ?

A) Mosquée du Prophète

B) Mosquée Hassan II

C) La Grande Mosquée d'Alger

179- Selon le Saint Coran, le Prophète (saws) a été suscité comme un « basheer » et « Nazeer ». Quelles sont les significations de ces deux mots ?

A) Lumière et avertisseur

B) Messager et Prophète

C) Porteur de bonnes nouvelles et avertisseur

180- Combien de fois le nom de Mohammed est cité dans le Coran ?

A) 0

B) 4

C) 10

181- Quelle est le premier verset révélé au Prophète Mohammed (saws) (Sourate Al Alaq) ?

A) Ecris !

B) Lis (Iqra'a) !

C) Dis !

182- Quel imam théologien et juriste a rapporté du Prophète Mouhammad (saws) plus de 2000 hadiths et fondateur de l'école malékite sunnite, auteur du livre « Al-Muwatta » ?

A) Ibn Majah

B) Abu Huraira

C) Anas Ibn Malik

183- Quel terme désigne le principal courant religieux de l'islam ou l'ensemble des communautés musulmanes fidèles à la sunna (Tradition du Prophète Mouhammad (saws) ?

A) Chiisme

B) Sunnisme

C) Kharidjisme

184- Quels sont les quatre grandes écoles de droit (madhhab) sunnites ?

A) Chiisme – Khardjisme – Jafarisme – Alouaisme

B) Jafarisme – Alouaisme – Ismaélisme – Zaidisme

C) Malékisme – Chafiisme – Hanafisme – Hanbalisme

185- Qui est ce collecteur de hadith, né en 810 à Boukhara (Iran), connu pour son célèbre ouvrage de compilation de hadiths ?

A) Abu Huraira

B) Abu Muslim

C) Al-Boukhari

186- Que signifie le terme en arabe « Oummahat al-Mou'minin » qui fait référence aux épouses du Prophète Mouhammad (saws) ?

A) Les mères des croyants

B) Les mères des musulmans

C) Les mères des pauvres

187- En 661, Après l'assassinat de Ali Ibn Abi Taleb le 4ème calife, Mu'awiyah Ibn Abi Sofyan s'empare du pouvoir. Quel califat fonde-t-il ?

A) Califat ottoman

B) Califat abbasside

C) Califat omeyyade

188- Lorsque les musulmans prononçent ou écrivent le nom d Mouhammad, quelle eulogie ajoutent-t-ils (« prière et paix sur lui ») ?

A) 'alayhi salatou wa salam

B) 'alayhi salam

C) Rassoul Allah

189- Quelle tribu tenta d'assassiner le Prophète (saws) peu après la bataille d'Uhud ?

A) Quraychites

B) Banu Qurayza

C) Banu Nadhir

190- Qui a pris en charge les épouses du prophète (saws) après la mort de ce dernier ?

A) Sa`d ibn Abi Waqqas

B) Zubayr Ibn Al-Awwam

C) 'Abdurrahman Ibn 'Awf

191- Quand le jeune de Ramadan fut rendu obligatoire ?

A) Juste avant la bataille de Badr en l'an 2 de l'Hégire

B) Juste après la bataille de Badr en l'an 2 de l'Hégire

C) Juste avant la bataille d'Ohod en l'an 3 de l'Hégire

192- Quel est le nom du roi qui offrit sa protection aux premiers émigrés musulmans ?

A) An-Namroud

B) Négus

C) Souleymane

193- Qui a donné son nom à la tribu Quraysh, tribu au sein de laquelle naquit le prophète (saws) ?

A) Qusay

B) Fihr

C) Abdel Manaf

194- Comment s'appelle le traité de paix entre les musulmans et Qouraych conclu en l'an 6 de l'hégire pour une trêve de 10 ans ?

A) Le pacte de Médine

B) Le pacte de la Mecque

C) Le pacte de Houdaybya

195- Quel chef de Qouraych accorda sa protection au prophète (saws) ?

A) Abou Sofien

B) Mou'tim

C) Oumayya

196- Quel ange lui transmet la révélation de la part de Dieu ?

A) Jibril (Gabriel)

B) Israfil

C) Mika'il (Mikael)

197- Le prophète (saws) a dit : « L'homme fort n'est pas celui qui terrasse son adversaire, mais l'homme fort est celui qui ...

A) sait se taire

B) qui mange la poussière

C) qui maitrise sa colère

198- Lors de l'émigration en Abyssinie, qui prit la parole devant Négus pour le convaincre de les accueillir (les musulmans émigrés) dans son pays ?

A) Amr Ibn Al'As

B) Ja'far Ibn Abi Taleb

C) Abou Bakr

199- Où est situé le cimetière d'Al-Baqi' où sont enterrés des défunts célèbres comme Othman Ibn Affan, Fatima Zahra, Hasan Ibn Ali et autres ?

A) La Médine

B) La Mecque

C) Le Caire

200- Comment s'appelle la salle de réunion (équivalent au parlement) de la Mecque ?

A) Dar Al Jamaa

B) Dar Al Hikma

C) Dar Al Nadwa

SOLUTIONS

THEME 1 : Vie du Prophète (saws)

1- Quel âge avait le prophète (saws) quand sa mère est morte ?

A) 3 ans

B) 6 ans

C) 8 ans

2- Quel est le mois de naissance du prophète (sws) par rapport au calendrier lunaire :

A) Mouharram

B) Rabi' Al-Awwal

C) Chaabane

3- Qui a pris en charge le prophète après la mort de sa mère ?

A) Abdul Mu'talib

B) Abu Hurairah

C) Abu Talib

4- Comment était surnommé le Prophète Mohammad (sws) avant d'être Prophète (avant la première révélation) ?

A) Le véridique / Le maitre

B) Le patient /Le gentil

C) Le véridique (As-sadiq)/ Le digne de confiance (Al-Amine)

5- Le Prophète (sws) est mort le 12 Rabi' Al-Awwal en l'an combien de l'Hégire ?

A) 9

B) 10

C) 11

6- A qui le Prophète (sws) confia l'expédition pour le Shem avant sa mort alors qu'il n'avait pas encore 18 ans ?

A) Zayd Ibn Harithah

B) Mu'adh Ibn Jabal

C) Oussema Ben Zeyed

7- Lors du voyage nocturne (Isra wal Mi'raj), quel est le Prophète qui suggéra à Muhammad d'invoquer Dieu pour qu'il réduise le nombre de prières qui était de 50 ?

A) Moussa (Moise)

B) Issa (Jésus)

C) Ibrahim (Abraham)

8- L'année de naissance du prophète Mouhammad (saws) est appelée par l'islam :

A) L'année de l'éléphant

B) L'année de la vache

C) L'année du cheval

9- Après avoir reçu la visite de l'ange Jibril, Mohammed (sws) dévale la montagne apeuré. Auprès de quelle personne cherche-t-il le réconfort ?

A) Son oncle

B) **Son épouse Khadija**

C) Son grand-père

10- Abou Bakr a été désigné par la Prophète (sws) pour diriger le pèlerinage du Hajj en quelle année de la Hijrah ?

A) $7^{\text{ème}}$ année de l'Hégire

B) $9^{\text{ème}}$ **année de l'Hégire**

C) $12^{\text{ème}}$ année de l'Hégire

11- Quel âge avait le Prophète (sws) lorsqu'il a voyagé au Sham (Syrie) pour la première fois avec son oncle Abou Talib ?

A) 6 ans

B) 12 ans

C) 20 ans

12- Quel prophète a fait le voyage nocturne, a visité les 7 ciels et a vu des prophètes ?

A) Ibrahim (Abraham)

B) Mohammad (saws)

C) Issa (Jésus)

13- Qui est le Prophète de l'Islam, le dernier Prophète pour l'humanité entière, le Prophète dont Allah a révélé le Coran ?

A) Issa (Jésus)

B) Mohammad (saws)

C) Ibrahim (Abraham)

14- Quel âge avait le Prophète (sws) lorsqu'il émigra à Médine ?

A) 53 ans

B) 56 ans

C) 63 ans

15- Quel âge avait le Prophète (sws) lors du voyage nocturne ?

A) 40 ans

B) 45 ans

C) 50 ans

16- Pendant combien de temps le Prophète (sws) et Abou Bakr se sont abrités dans la grotte de Thawr ?

A) 3 jours

B) 14 jours

C) 30 jours

17- Où est né Mouhammad ?

A) Médine

B) Bagdad

C) La Mecque (Makka)

18- A quelle époque a vécu Mouhammad ?

A) IV-V ème siècle

B) VI-VII ème siècle

C) VIII-IX siècle

19- Quel métier exerça Mouhammad (saws) ?

A) Berger

B) Médecin

C) Avocat

20- Où se réfugie Mouhammad (saws) après sa fuite de la Mecque ?

A) Le Caire

B) Médine

C) Damas

21- De quel peuple fait partie Mouhammad (saws) ?

   A) Les Byzantins

   B) Les Arabes

   C) Les Francs

22- Où Mouhammad (saws) reçoit-il les paroles de Dieu ?

   A) La grotte Hira

   B) Le désert

   C) La grotte Thour

23- Le prophète (saws) a entendu ...

   A) Les paroles d'Allah

   B) Les paroles de son père

   C) Les paroles de Jésus

24- Mouhammad (saws) a-t-il-connu ses parents ?

   A) Oui

   B) Non, il était orphelin

   C) Peut-être

25- Le prophète Mouhammad (saws) est né en

   A) 570 après J-C

   B) 600 après J-C

   C) 670 après J-C

26- Le père du prophète Mouhammad (saws) est mort avant ou après la naissance du prophète Mouhammad (saws)?

   A) Avant sa naissance

   B) Après sa naissance

27- En quelle année le prophète Mouhammad (saws) émigre vers la ville de Yathrib, qui deviendra La Médine, et cela marque le début du calendrier musulman ?

   A) 612 après J-C

   B) 622 après J-C

   C) 632 après J-C

28- Quel âge avait le prophète Mouhammad (saws) lorsque son vieux grand-père décéda ?

A) 6 ans

B) 8 ans

C) 10 ans

29- La vie de Mouhammad (saws) est fixée à partir de trois principaux ensembles de sources musulmanes. Lesquels ?

A) Chafiisme– Hanafisme –Hanbalisme

B) Le Coran – La Bible – Le Torah

C) Le Coran – Les Sira – Les Hadiths

30- Qui amenait la nourriture au prophète et à Abou Bakr quand ils étaient dans la grotte de Thawr ?

A) Khadija

B) Asma bint Abu Bakr

C) Aicha

31- A quel âge le prophète a reçu la visite de l'ange Jibril (Gabriel) et lui aurait transmis la Révélation (Paroles de Dieu) ?

A) 20 ans

B) 30 ans

C) 40 ans

32- Qui avaient élevé successivement le prophète après la mort de ses parents ?

A) Abdou Al-Muttalib puis Abou Talib

B) Abbes puis Abou Talib

C) Hamza puis Abou Talib

33- A quel âge a-t-il épousé Khadija ?

A) 25 ans

B) 30 ans

C) 40 ans

34- Combien de temps est-il resté à la Mecque avant d'émigrer ?

A) 10 ans

B) 13 ans

C) 15 ans

35- Quel âge avait le prophète lorsque les premiers signes de la prophétie furent découverts ?

A) dès sa naissance

B) 6 ans par son oncle Abou Talib

C) 12 ans par un moine nommé Bahira

36- Quel miracle (Le livre saint de la religion musulmane) a-t-il apporté aux hommes ?

A) Le Torah

B) l'Evangile

C) Le Coran

37- Laquelle des femmes suivantes a vu son mari le prophète (saws) mourir chez elle ?

A) Hafsa

B) Aicha

C) Khadija

38- Quel aliment est le plus consommé par le prophète ?

A) les dattes et l'eau

B) le pain

C) la viande

39- Combien de fois le prophète (saws) est-il allé en pèlerinage durant toute sa vie ?

A) 0

B) 1

C) 3

40- Après dix ans de sa mission, le prophète a perdu deux personnes importantes. Lesquels ?

A) ses fils Quassim et Abdullah

B) son oncle Abou Talib et sa femme Khadija

C) son grand-père Abdul Muttalib et son oncle Abou Talib

41- Le prophète a fait deux grands voyages. Lesquels ?

A) Mecque et Médine

B) Cham et Egypte

C) Isra et Miraj

42- A quel âge le prophète (sws) mourut à Médine ?

A) 50 ans

B) 63 ans

C) 70 ans

43- Le Prophète Mohammad (saws) a-t-il laissé à sa mort des héritiers mâles ?

A) Non

B) Oui

C) Peut être

44- Parmi tous les prophètes d'Allah, un seul peut intercéder en faveur de sa nation le jour de la résurrection, lequel ?

A) Issa (Jésus)

B) Le Prophète Mouhammad (saws)

C) Ibrahim (Abraham)

45- Quel est le nom de la chamelle qui appartenait au prophète (saws) ?

A) Ibel

B) Djimal

C) Al Qaswa'a

46- Certains des miracles du Prophète (saws) sont :

A) Rendre la vue aux aveugles – Ressusciter les morts

B) Le bâton se transformant en serpent – La main à la blancheur éclatante

C) Le Coran – La fente de la lune en deux – L'eau qui surgit entre ses doigts

47- En quelle année hégirienne, le prophète (saws) a-t-il effectué le pèlerinage ?

A) an 8

B) an 10

C) an 12

48- Vers la fin de sa vie, qui le Prophète désignait-il pour guider la prière ?

A) Abou Bakr

B) Umar Ibn Al Khattab

C) Ali Ibn Abi Taleb

49- Quelle fut la première étape du prophète (saws) dans la construction de la société Médinoise ?

A) Le pacte de fraternité

B) Le pacte avec les tribus juives

C) La construction de la mosquée

50- Quelle est la première bataille victorieuse des musulmans sous le commandement du prophète (saws) contre les Quraychites de la Mecque ?

A) Khaybar

B) Badr

C) Uhud

51- A quelle tribu le prophète appartient-il (aussi une sourate du Coran) ?

A) Kouraych

B) Banu Qaynuqa[43]

C) Banû Nâdir[44]

52- Où le prophète (saws) a-t-il vécu ?

A) Seulement à la Mecque

B) A Médine puis à la Mecque

C) A la Mecque puis à la Médine

53- Comment s'appelait la monture qui a permis au prophète (saws) de voyager de la Mecque à Jérusalem en une nuit ?

A) Al Bouraq

B) Al-Qaswa

C) Pégase

---

43. https://fr.wikipedia.org/wiki/Banu_Qaynuqa

44. https://fr.wikipedia.org/wiki/Banu_Nadir

THEME 2 : Famille du Prophète (saws)

54- La mère du prophète (sws) s'appelait

A) Aicha

B) Fatima

C) Amina

55- Quelle est la femme du Prophète (sws) après avoir été capturée lors de l'attaque de sa tribu al-Mustaliq en 627?

A) Khadija

B) Juwayriya bin al-Harith

C) Aisha

56- La famille du prophète (saws) est hachémite par référence à son arrière-grand-père :

A) Abou Talib

B) Wahb ibn `Abd Al-Manaf

C) Hâchim ibn `Abd Manaf[45]

57- Mohammad (sws) avait un esclave qui était devenu son fils adoptif et cité dans le Coran. Lequel ?

A) Zayd Ibn Harithah

B) Anas Ibn Malik

C) Zayd Ibn Thabet

58- Parmi ses enfants, combien ont survécu au Prophète (sws) ?

A) Aucun

B) 1 seul de ses enfants

C) 3

59- Qui a été la toute première nourrice du Prophète (saws) ?

A) Thouwaybah

B) Soumaya

C) Fatimah

60- Qui était Wahb Ibn Abd Manaf par rapport au prophète (saws) ?

A) Le grand-père maternel

B) L'oncle

C) Le cousin

61- Qui est l'oncle paternel du prophète (saws) et fut nommé « Lion de Dieu

45. https://fr.wikipedia.org/wiki/Hashim_ibn_Abd_al-Manaf

» pour son courage et sa bravoure ?

A) Al Abbas

B) Hamza Ibn Abdou Al-Muttalib

C) Khalid Ibn Al-Walid

62- Quelle fut la première femme du prophète (saws), marchande aristocrate, de la tribu mecquoise des Banu Asad des Quraych ?

A) Aïcha

B) Fatima

C) Khadija

63- Quelle est la petite fille du Prophète (saws), fille de Abu Al-As Ibn Al-Rabi' et de Zaynab la fille ainée du prophète (sws), épousa Ali Ibn Abi Taleb après la mort de sa tante Fatima az-Zahra ?

A) Umamah bint Zaynab

B) Asma

C) Fatima

64- Quelle est la mère adoptive et la nourrice du prophète (saws), de la tribu de Sa'd ?

A) Halima as-Sa'diyyah

B) Aïcha

65- Qui est le cousin du prophète (saws) et le 4ème calife de l'islam ?

A) Abou Baker Seddik

B) Ali Ibn Abi Talib

C) Othmane Ibn Affene

66- Le père de Mouhammed (saws) s'appelait

A) Abdu Allah

B) Abdoul Muttalib

C) Ibrahim

67- Qui sont les petits-fils du prophète (sws) « les deux maitres de la jeunesse du Paradis » les fils de Ali Ibn Abi Taleb et de Fatima Zahra la fille du prophète (sws)?

A) Ibrahim & Al Qacim

B) Al Hassan & Al Husain Ibn Ali

C) Abbes & Hamza

68- Le prophète avait...

A) 2 filles et 2 fils

B) 4 filles et 3 fils (Fatima, Zaynab, Roukayya, Oum Kalthoum, Quassim, Ibrahim, Abdoullah)

C) 7 filles et 7 fils

69- Quels sont les enfants que le prophète (saws) avait élevés ?

A) Talha et Zoubayr

B) Almughira et Muawiya

C) Ali et Zayd Ibn Haritha

70- Qui est l'une des filles du prophète et de Khadija, la femme de Abou al-Aas ibn al-Rabi' ?

A) Oum Kalthoum

B) Roukaya

C) Zaynab

71- Quelle est la petite fille du Prophète (saws), fille de Ali Ibn Abi Taleb et Fatima Zahra, décédée au Caire ?

A) Zaynab bint Ali

B) Asma

C) Fatima

72- Comment s'appelaient les parents du prophète (sws) ?

A) Abdullah et Amina

B) Omar et Halima

C) Jaafer et Asma

73- Quelle est la dernière épouse du prophète Muhammed (saws) ?

A) Hafsa

B) Maymouna

C) Zaynab

74- Comment se nomme l'oncle du prophète (saws) qui a combattu le prophète (sws) cité dans la sourate 111 du Coran, intitulé Al-Massad ?

A) Abou Lahab

B) Abou Sofien

C) Muawiya

75- Qui est la femme du prophète (sws) et fille du calife Omar Ibn Al-Khattab ?

A) Khadija

B) Hafsa

C) Aïcha

76- Qui est le mari de Fatima, fille du Prophète (sws) ?

A) Abou Bakr

B) Ali Ibn Abi Taleb

C) Omar Al Khattab

77- Comment se nommait la fille d'Abou Sofiane qui s'est mariée avec le Prophète (saws) ?

A) Aicha

B) Khadija

C) Oum Habiba Ramla

78- La généalogie du Prophète (sws) s'arrête à quel prophète ?

A) Ismai'l (Ismaël)

B) Issa (Jésus)

C) Moussa (Moise)

79- Quelle est la femme qu'Allah a mariée au Prophète (sws) ?

A) Aicha

B) Khadija

C) Zaynab bint Jahch

80- Quelles sont les tantes du prophète (sws) ?

A) Aicha-Khadija-Zaynab-Hafsa-Sawda-Maaymouna

B) Oumayma-Bourra-OmHakim-Safia-Atika et Arwa

81- Avec qui s'est marié le prophète (sws) après la mort de Khadija?

A) Aicha

B) Hafsa

C) Sawda bint Zamaa

82- Comment se nommait la femme du prophète que l'on appelait oumm al masâkin (la mère des démunies) ?

A) Zaynab bint Jahch

B) Zaynab bint Khouzayma

C) Khadija

83- Comment s'appelait la tante du prophète qui a tué un juif avec un bâton alors qu'il rodait autour des maisons des musulmanes dans la bataille des coalisés ?

A) Safiya bint Abdil moutallib

B) Khadija

C) Aicha

84- De l'union du prophète (sws) et de quelle femme est né « Ibrahim » ?

A) Zaynab bint Jahch

B) Khadija

C) Maria Al-Qibtiyya (Maria La Copte)

85- Qui est Al-Abbas, le père de Maymouna (femme du prophète) ?

A) L'oncle du prophète

B) Le grand-père du prophète

C) Le cousin du prophète

86- Quelle est la troisième épouse du prophète (sws) et fille de Abu Bakr Al-Siddiq ?

A) Maria Al- Qibtiyya

B) Oum Salama

C) Aïcha

87- Quelle est la fille du Prophète (saws), la seule à vivre encore après sa mort, considérée par les musulmans comme az-Zahra (la brillante) ?

A) Zaynab

B) Asma

C) Fatima

88- Quelle est cette nourrice du Prophète (saws), épouse de Zayd Ibn Harithah et mère de Usama Ibn Zayd ?

A) Thouwaybah

B) Halimah

C) Oumm Ayman

89- Quelle est l'épouse du prophète (sws), appartenant à la tribu des Banu al-Nadir et d'origine juive ?

A) Safiya bint Houyay

B) Oum Salama

C) Aïcha

90- Quelle est l'épouse du prophète (sws), appartenant au clan Makhzum de la tribu des Quraysh et fille d'Abu Umayya Huzaifa bin Al Mughira ?

A) Asma

B) Oumm Salama

C) Aïcha

91- Comment s'appelait la grand-mère du Prophète (saws) et la femme de Abd Al Muttalib, appartenant au clan de Banu Makhzum ?

A) Fatimah Bint Amr

B) Hafsa

C) Safyyia

92- Qui est l'un des oncles du prophète (sws) qui eut plusieurs fils dont Abou Sofien, Rabi'ah et Ubaydah ?

A) Al Abbas

B) Al Harith Ibn Abd Al Muttalib

C) Hamza

93- Qui est Abd Allah Ibn Abbas par rapport au prophète (saws), un des premiers experts du Coran et du Sunna?

A) oncle

B) gendre

C) cousin paternel

94- Qui est Ja'far Ibn Abi Taleb, fils de Abu Taleb Ibn Abd al-Muttalib et le frère de Ali Ibn Abi Taleb, le 4ème calife, par rapport au prophète (saws) ?

A) cousin paternel

B) gendre

C) oncle

95- Qui est l'une des filles du prophète (sws) et de Khadija, la femme de Utaybah Ibn Abou Lahab puis de Othman Ibn Affan, 3ème calife du prophète (sws) ?

A) Oum Koulthoum

B) Roukaya

C) Zaynab

96- Qui est l'une des filles du prophète (sws) et de Khadija, la femme de Utbah Ibn Abou Lahab puis de Othman Ibn Affan, 3ème calife du prophète (sws) ?

A) Oum Koulthoum

B) Ruqayya

C) Zaynab

97- Qui est Umayya Ibn 'Abd Shams, l'ancêtre et l'éponyme de la dynastie des Omeyyades (661-750), par rapport au prophète (saws) ?

A) grand-oncle paternel

B) cousin

C) gendre

THEME 3 : Batailles du Prophète (saws)

98- Quelle est la première bataille où le prophète (sws) a combattu ?

A) Al-Abwa

B) Khandak

C) Badr

99- Quand la Mecque a t-elle été prise par le Prophète (sws) ?

A) 15 Muharram, 6anné de l'Hégire

B) 20 Ramadan, 8 année de l'Hégire

C) 12 Rabi Al-Awwal, 10ème année de l'Hégire

100- Quel était le nombre de martyrs de la bataille d'Uhud?

A) 10

B) 70

C) 200

101- Quelle bataille[46] a opposé, lors de la 7ème année de l'Hégire[47], le prophète Mouhammad (saws) [48]et ses fidèles musulmans aux Juifs[49] vivant dans l'oasis[50] de Khaybar, située à 50 kilomètres de Yathrib, actuelle Médine[51] ?

A) Badr

B) Khaybar

C) Uhud

102- En quelle année de l'hégire s'est déroulée la bataille d'Uhud ?

A) 2ème année

B) 3ème année

C) 4ème année

103- En quelle année de l'Hégire, eu lieu la bataille Bani An-Nadir qui a été citée dans le coran ?

A) 4ème année

B) 6ème année

C) 8ème année

104- Quel était le nombre de musulmans lors de la conquête de la Mecque ?

A) 1 000

46. https://fr.wikipedia.org/wiki/Batailles_de_Mahomet

47. https://fr.wikipedia.org/wiki/H%C3%A9gire

48. https://fr.wikipedia.org/wiki/Mahomet

49. https://fr.wikipedia.org/wiki/Juifs

50. https://fr.wikipedia.org/wiki/Oasis

51. https://fr.wikipedia.org/wiki/M%C3%A9dine

B) 10 000

C) 100 000

105- Quelle première expédition, lors de la 2ème année de l'Hégire[52], mené le prophète Mouhammad (saws) [53]pour récupérer les biens des Muhajirun et s'est déroulé sans combat ?

A) Al-Abwâ[54]

B) Badr

C) Uhud

106- Quelle bataille[55] a opposé, lors de la 8ème année de l'Hégire[56], le prophète Mouhammad (saws) [57]et ses fidèles musulmans aux tribus de Hawazin et de Thaqif entre La Mecque et Ta'if et nommée dans le Coran ?

A) Badr

B) Khaybar

C) Hunayn

107- Quelle bataille[58] a opposé, lors de la 5ème année de l'Hégire[59], le prophète Mouhammad (saws) [60]et ses fidèles musulmans à une coaliation des Quraychites, Banu Qurayza, Banu Nadhir et d'autres ?

A) Badr

B) Coalisés (Fossé)

C) Uhud

108- Quelle bataille[61] a opposé, lors de la 8ème année de l'Hégire[62], le prophète Mouhammad (saws) [63]et ses fidèles musulmans à une armée byzantine ?

A) Mu'tah

B) Badr

C) Uhud

109- En quelle année de l'hégire a eu la paix d'Al-Hudaybiya ?

A) 2ème année

B) 4ème année

C) 6ème année

110- Quelle était la première bataille victorieuse des musulmans contre les

52. https://fr.wikipedia.org/wiki/H%C3%A9gire

53. https://fr.wikipedia.org/wiki/Mahomet

54. https://fr.wikipedia.org/wiki/Exp%C3%A9dition_d%27Al-Abw%C3%A2

55. https://fr.wikipedia.org/wiki/Batailles_de_Mahomet

56. https://fr.wikipedia.org/wiki/H%C3%A9gire

57. https://fr.wikipedia.org/wiki/Mahomet

58. https://fr.wikipedia.org/wiki/Batailles_de_Mahomet

59. https://fr.wikipedia.org/wiki/H%C3%A9gire

60. https://fr.wikipedia.org/wiki/Mahomet

61. https://fr.wikipedia.org/wiki/Batailles_de_Mahomet

62. https://fr.wikipedia.org/wiki/H%C3%A9gire

63. https://fr.wikipedia.org/wiki/Mahomet

Quraychites de la Mecque ?

A) Badr

B) Uhud

C) Khaybar

111- Comment s'appelle la dernière bataille où le prophète a assisté ?

A) Badr

B) Tabouk

C) Hounayn

112- Combien de batailles le prophète (saws) a-t-il assisté ?

A) 17

B) 27

C) 37

113- Comment s'appelait la femme qui a combattu dans la bataille d'Uhud au côté du Prophète (sws) et a tué les mécréants jusqu' à avoir 12 blessures ?

A) Oum Amara

B) Hafsa

C) Aicha

114- Qui a donné l'idée au prophète de creuser une tranchée dans la bataille des coalisés ?

A) Ali Ibn Abi Taleb

B) Khaled Ibn Al-Walid

C) Salman Al Farisi

115- Quelle bataille[64] a opposé, lors de la 8ème année de l'Hégire[65], le prophète Mouhammad (saws) [66] et ses fidèles musulmans aux Quraychites et a vu la prise de La Mecque et la victoire des musulmans ?

A) Mecque

B) Badr

C) Uhud

116- Quelle bataille[67] a opposé, lors de la 8ème année de l'Hégire[68], le prophète Mouhammad (saws) [69] et ses fidèles musulmans aux byzantins, revanche de la bataille de Mu'ta ?

A) Badr

B) Tabouk

C) Uhud

117- Quelle bataille[70] a opposé, lors de la 8ème année de l'Hégire[71], les fidèles du prophète Mouhammad (saws) [72]à Hawazin, à 65 kilomètres à l'est de La Mecque ?

A) Badr

B) Uhud

C) Siège de Taif

118- Quand eut lieu la bataille de Badr ?

A) Le vendredi 21 du mois de Cha'ban de l'an 2

B) Le lundi 28 du mois de Ramadan de l'an 2

C) Le vendredi 17 du mois de Ramadan de l'an 2

THEME 4 : Compagnons du Prophète (sws)

64. https://fr.wikipedia.org/wiki/Batailles_de_Mahomet

65. https://fr.wikipedia.org/wiki/H%C3%A9gire

66. https://fr.wikipedia.org/wiki/Mahomet

67. https://fr.wikipedia.org/wiki/Batailles_de_Mahomet

68. https://fr.wikipedia.org/wiki/H%C3%A9gire

69. https://fr.wikipedia.org/wiki/Mahomet

70. https://fr.wikipedia.org/wiki/Batailles_de_Mahomet

71. https://fr.wikipedia.org/wiki/H%C3%A9gire

72. https://fr.wikipedia.org/wiki/Mahomet

119- 13 ans après la Révélation, le Prophète (sws) reçoit la permission d'émigrer. Quel compagnon a eu l'honneur et le privilège de l'accompagner vers Médine ?

A) Abou Bakr

B) Ali Ibn Abi Talib

C) Omar Ibn Al Khattab

120- Le Prophète Mouhammad (sws) a dit « Le Trône du Miséricordieux a tremblé à la mort de … ». Qui est ce compagnon connu pour sa détermination, sa ténacité é soutenir la vérité, la religion de l'islam ?

A) Ali Ibn Abi Talib

B) Saa'd Ibn Mu'adh

C) Omar Ibn Al Khattab

121- Quel compagnon du Prophète (sws), fils de Utbah Ibn Rabi'ah du clan des Banu Abd-Shams de Quraych ?

A) Talhah Ibn 'Ubaid Allah

B) Khalid Ibn Al Walid

C) Abu Hudhayfa Ibn Utba

122- Qui est l'un des compagnons du prophète (saws), un des premiers à se convertir en islam et commandant de la bataille d'Al Qadissiyya ?

A) Sa`d ibn Abi Waqqas

B) Zubayr Ibn Al-Awwam

C) Ali Ibn Abi Taleb

123- Comment s'appelait le compagnon qui a été accusé avec Aïcha dans le propos mensonger (al ifk) ?

A) Salman Al-Farisi

B) Abdou Allah ibn jahch

C) Safwâne ibn mouaattal

124- Qui est Sayf Allāh al-Maslūl (Sabre dégainé de Dieu) général et compagnon du prophète (sws) et l'un des plus grands stratèges militaires de tous les temps ?

A) Amr Ibn Al-A's

B) Saa'd Ibn Mu'adh

C) Khalid Ibn Al-Walid

125- Qui est le premier muezzin (membre de la mosquée chargé des appels de la prière) de l'islam et compagnon du prophète (sws)?

A) Bilal ibn Rabâh

B) Salman Al Farisi

C) Khalid Ibn Al-Walid

126- Qui est le compagnon du prophète (sws), l'un des représentants chargés de veiller à l'application des articles du serment d'al-'Aqaba et participa à la bataille de Badr[73] ?

A) Bilal ibn Rabâh

B) Salman Al Farisi

C) Abdou Allah Ibn Rawaha

127- Qui est 'Abd al-Rahman Ibn Saakhr ad-Dawsi, cèlèbre sahabi ou compagnon du prophète (sws), l'un des plus grands narrateurs de hadith ?

A) Ali Ibn Abi Taleb

B) Abu Huraira

C) Salman Al Farisi

128- Qui est le successeur du prophète (saws), premier calife de l'islam et compagnon du prophète (saws) ?

A) Omar Ibn Al Khattab

B) Abu Bakr Al-Siddiq

C) Ali Ibn Abi Taleb

129- Qui est le gouverneur d'Egypte des omeyyades et compagnon du prophète (saws) ?

A) Amr Ibn Al-As

B) Othman Ibn Affan

C) Khalid Ibn Al-Walid

130- 4 califes se sont succédé à Mouhammad (saws) entre 632 et 661. Qui sont-ils ?

A) Omar – Othman – Ali – Mu'awyia

B) Abou Bakr–Amr – Talha – Ali

73. https://fr.wikipedia.org/wiki/Badr

C) Abou Bakr– Omar – Othman – Ali

131- Qui est mort assassiné poignardé dans le dos alors qu'il priait, compagnon du prophète (saws) et conjoint de Asma la fille de Abu Bakr Al-Siddiq ?

A) Zubayr Ibn Al-Awwam

B) Othman Ibn Affan

C) Khalid Ibn Al-Walid

132- Qui est un compagnon du prophète (saws), connu par son zuhd et son indulgence, était autrefois marchand, prédicateur, cadi, faqih et muhaddith ?

A) Abu Bakr al-Siddiq

B) Abu ad-darda'a

C) Ali Ibn Abi Taleb

133- Quel compagnon du Prophète Mohammad (saws) a marqué la période post-prophétique par sa justice ?

A) Haroun Arrachid

B) Othman

C) Omar Ibn Al-Khattab

134- Qui est le compagnon du prophète (saws), de Bani Najjar, hôte du prophète (saws) durant ses 7 premiers mois à Médine suite à l'Hégire ?

A) Abu Ayyub al-Ansari

B) Salman Al Farisi

C) Abdoullah Ibn Rawaha

135- Quel compagnon du Prophète (sws) (l'un des dix promis au Paradis), cousin d'Abu Bakr, jouant un rôle important lors de la bataille d'Uhud et mort pendant la bataille du chameau en 656 ?

A) Talhah Ibn 'UbaidAllah

B) Khalid Ibn Al Walid

C) Mus'ab Ibn Oumair

136- Quel compagnon du Prophète (saws) (l'un des dix promis au Paradis), mort au combat lors de la de la bataille d'Uhud ?

A) Talhah Ibn 'UbaidAllah

B) Khalid Ibn Al Walid

C) Mus'ab Ibn Oumair

137- Quel compagnon du Prophète (sws) (l'un des dix promis au Paradis), se nommait auparavant 'AbdalKa'aba, l'un des premiers convertis à l'islam et connu pour sa grande générosité ?

A) Talhah Ibn 'UbaidAllah

B) Abd ar-Rahman Ibn 'Awf

C) Mus'ab Ibn Oumair

138- Quel compagnon du Prophète (sws) (l'un des dix promis au Paradis), au sujet duquel le prophète (saws) nous informa qu'il est le garant de la communauté, a commandé les armées musulmanes pendant la conquête de la Syrie ?

A) Ubaida Ibn Al-Djarrah

B) Abd ar-Rahman Ibn 'Awf

C) Mus'ab Ibn Oumair

139- Quel compagnon du Prophète (sws) (l'un des dix promis au Paradis), époux de Fatimah bint al-Khattab sœur de Omar Ibn Al Khattab ?

A) Sa'id Ibn Zayd

B) Abd ar-Rahman Ibn 'Awf

C) Mus'ab Ibn Oumair

140- Qui est le successeur du prophète (saws), premier calife de l'islam et compagnon du prophète (saws) ?

A) Omar Ibn Al Khattab

B) Abu Bakr Al-Siddiq

C) Ali Ibn Abi Taleb

141- Quel compagnon du Prophète (sws), parfois nommé Abdullah Ibn Umm Abd, est une source importante d'interprétation du Coran ?

A) Abdullah Ibn Masud

B) Abd ar-Rahman Ibn 'Awf

C) Mus'ab Ibn Oumair

142- Quel compagnon du Prophète (sws), un des six ambassadeurs que le prophète (sws) a envoyé avec des lettres à de nombreux dirigeants du monde les invitant à l'islam à la 6ème année de l'Hégire ?

A) Abd Allah Ibn Mas'ud

B) Abd Allah Ibn Rawaha

C) Abd Allah Ibn Hudhaifa as-Sahmi

143- Quel compagnon du Prophète (sws), fut le gouverneur de Bassorah et de Koufa ?

A) Abou Houraira

B) Abou Moussa al-Achari

C) Abdoullah Ibn Rawaha

144- Quel compagnon du Prophète Mohammad (saws), son beau-fils, a épousé les deux filles de Mouhammad Ruqayyah et Oumm Koulthoum et le 3ème calife, joue un rôle majeur dans la compilation du Coran ?

A) Abou Bakr Al-Siddiq

B) Omar Ibn Al-Khattab

C) Othman Ibn Affan

145- Quel compagnon du Prophète (sws), de la tribu de Banu Qaynuqa, était un juif avant sa conversion à l'islam, était un homme pieux, sage et versé dans les écritures saintes ?

A) Abdullah Ibn Masud

B) Abdullah Ibn Salam

C) Mus'ab Ibn Oumair

146- Quel compagnon du Prophète (sws), était un « Ansar » de la tribu des Khazraj, s'était converti à l'islam avant l'émigration du Prophète (sws), le Prophète (sws) lui engagea comme enseignant et le chargea de transmettre l'islam aux gens et de leur apprendre le Coran ?

A) Abdullah Ibn Masud

B) Abdullah Ibn Salam

C) Muadh Ibn Jabal

147- Quel compagnon du Prophète (sws), fils du deuxième calife Omar et le frère de l'épouse du prophète (Hafsa), était une autorité éminente dans les hadiths et la loi?

A) Abd ar-Rahman Ibn 'Awf

B) Abdullah Ibn Omar

C) Mus'ab Ibn Oumair

148- Quel compagnon dormit dans le lit du Prophète (saws) lors de l'Hégire ?

A) Ali Ibn Abi Taleb

B) Abou Bakr Al-Siddiq

C) Omar Ibn Al Khattab

149- Quel compagnon du prophète (saws), de Banu Makhzum, ses parents sont Yasir et Soumayah (premier martyr de l'islam), l'un des premiers Qurayshites à embrasser l'islam, participa également à la bataille de Yamamah contre Musaylamah le menteur où il perdit une oreille ?

A) Amr Ibn Al-A's

B) Ammar Ibn Yasir

C) Saa'd Ibn Mu'adh

150- Qui était un ansar, compagnon et scribe personnel du prophète Mohammad (sws) en qui celui–ci a entière confiance ?

A) Zayd Ibn Harithah

B) Anas Ibn Malik

C) Zayd Ibn Thabet

THEME 5 : Culture Générale de l'Islam

151- Qu'est-ce que l'Hégire (Hijra) ?

   A) Le voyage de la Mecque à la Médine du Prophète (sws)

   B) Le voyage en Irak du Prophète (sws)

   C) Le voyage en Palestine du Prophète (sws)

152- Dieu (Allah) dit dans le Coran en parlant du Prophète (sws) : « Nous ne t'avons envoyé que comme ... »

   A) Preuve de la grandeur de Dieu

   B) Un Serviteur de Dieu

   C) Miséricorde pour l'humanité

153- Quelle est l'ancien nom de la ville actuelle de Médine (Ville du Prophète (saws)) ?

   A) Chams

   B) Al Ta'if

   C) Yathrib

154- Où les musulmans se cachaient et apprenaient le Coran à la Mecque ?

   A) La maison d'Abou Talib

   B) La maison Al Nadwa

   C) La maison de Al-Arqam

155- Quelle charte « Le pacte entre les Emigrés et les Ansars et la réconciliation avec les juifs » définit les droits et les devoirs des musulmans, des juifs et des autres communautés dans la guerre qui devait les opposer aux Quraychites ?

   A) Constitution de la France

   B) Constitution de Mecque

   C) Constitution de Médine

156- Quel est le nom du Chrétien qui a révélé la prophétie de Mohammed (saws) et cousin de Khadija épouse du prophète (saws) ?

   A) Waraqah

   B) Bahira

   C) Abrahah

157- Comment se nomme la sourate du Coran qui est en rapport avec un incident entre le Prophète (sws) et un vieil homme aveugle ?

A) Sourate Al Fajr

B) Sourate Al-imran

C) Sourate Abasa

158- Quel était le nom du serment d'allégeance au Prophète (sws) fait de nuit avec gens de la Médine ?

A) Al-Amana

B) Al-Aqabah

C) Al-Arqam

159- La révélation du Coran s'est étalée sur :

A) 10 ans

B) 15 ans

C) 23 ans

160- Que signifie « Mouhammad » ?

A) digne de confiance

B) digne de louanges

C) digne d'amour

161- Citer d'autres noms du Prophète Mouhammad (saws) ?

A) Ali, Omar, Uthman, Abu Bakr

B) Ahmad, Al-Mahi, Abou Al-Qacim

C) Ali, Abou Bakr, Omar, Hamza

162- Comment appelle-t-on les successeurs de Mouhammad (saws)?

A) Emirs

B) Sultans

C) Califes

163- Où vivaient les tribus juives des Banu Qaynuqa[74], des Banu Qurayza[75] et des Banu Nadir, auxquelles le prophète (saws) eut affaire ?

A) La Mecque

B) La Médine

C) Ta'if

164- Pendant combien de temps l'appel à l'islam s'est-il fait en secret ?

A) 1 an

74. https://fr.wikipedia.org/wiki/Banu_Qaynuqa

75. https://fr.wikipedia.org/wiki/Banu_Qurayza

B) 3 ans

C) 5 ans

165- Quel terme désigne les compagnons du prophète (sws), originaires de Yathreb (Médine) ?

A) Muhâjirûn[76]

B) Ansâr[77]

166- Comment s'appelle la montagne où se trouve la grotte Hira ?

A) Uhud

B) Annour

C) Arafa

167- Que faisaient les compagnons du prophète (sws) après 5 ans de sa mission ?

A) Ils ont construit une mosquée à la Médine

B) Ils ont émigré vers Al Habacha (Abyssinie)

C) Ils ont fait adieu à leurs familles

168- Quel était le guide du prophète et Abou Bakr pendant l'émigration à Médine ?

A) Abdallah ibnou Ouraykit

B) Ali Ibn Abi Taleb

C) Omar Ibn Al Khattab

169- Quel terme désigne un récit traditionnel qui rapporte des paroles et des actions prêtées au prophète (saws) et à ses compagnons ?

A) Sunna

B) Hadith

C) Sahaba

170- Quel terme désigne les premiers convertis à l'islam, mecquois, proches du prophète (sws), qui ont émigré avec lui lors de l'Hégire ?

A) Muhâjirûn[78]

B) Ansâr[79]

171- Quel terme désigne les musulmans de la première génération, qui se sont

76. https://fr.wikipedia.org/wiki/Muh%C3%A2jir%C3%BBn

77. https://fr.wikipedia.org/wiki/Ans%C3%A2r

78. https://fr.wikipedia.org/wiki/Muh%C3%A2jir%C3%BBn

79. https://fr.wikipedia.org/wiki/Ans%C3%A2r

convertis du vivant de Mouhammad (saws) et qui ont donc vécu avec lui ?

A) Sahaba

B) Califes

C) Sunnites

172- Quelle expression utilisée dans l'islam[80] pour désigner les sahaba[81] que Mohammad (saws) aurait promis au paradis[82] (al-Ashara al-Mubasharûn bi-l-Janna) ?

A) Les dix compagnons promis au paradis

B) Les cent compagnons promis au paradis

C) Les sept compagnons promis au paradis

173- Quel terme en arabe désigne la biographie de Mouhammad (saws) ?

A) Coran

B) Sira

C) Sahaba

174- Quel terme désigne les expéditions de type militaire effectuées par des musulmans entre l'Hégire[83] et la mort de Mouhammad (saws) ?

A) Les guerres puniques

B) Les invasions

C) Les batailles de Mouhammad (saws) (Ghazaouates)

175- Quel terme désigne les actions et les paroles du prophète (saws) et qui est la seconde source à la base du droit musulman après le Coran ?

A) Sunna

B) Hadith

C) Sahaba

176- Quel terme désigne les membres de la famille (proches) du Prophète Mouhammad (saws), et cité au Coran ?

A) Ahl al-bayt

B) Sahaba

C) Khawarej

177- Qui est un collecteur de hadith, né en 817 à Sistan (Iran) auteur d'une

80. https://fr.wikipedia.org/wiki/Islam

81. https://fr.wikipedia.org/wiki/Sahaba

82. https://fr.wikipedia.org/wiki/Jannah

83. https://fr.wikipedia.org/wiki/H%C3%A9gire

des six collections canoniques de hadiths ?

A) Abu Taleb

B) Abu ad-darda'a

C) Abou Dawoud

178- Quelle est la deuxième mosquée sainte de l'islam après Masjid al-Haram à la Mecque et avant la mosquée d'Al-Aqsa à Jérusalem, abritant le mausolée du Prophète (saws), appelée Al-Masjid Al-Nabawi ?

A) Mosquée du Prophète

B) Mosquée Hassan II

C) La Grande Mosquée d'Alger

179- Selon le Saint Coran, le Prophète (saws) a été suscité comme un « basheer » et « Nazeer ». Quelles sont les significations de ces deux mots ?

A) Lumière et avertisseur

B) Messager et Prophète

C) Porteur de bonnes nouvelles et avertisseur

180- Combien de fois le nom de Mohammed est cité dans le Coran ?

A) 0

B) 4

C) 10

181- Quelle est le premier verset révélé au Prophète Mohammed (saws) (Sourate Al Alaq) ?

A) Ecris !

B) Lis (Iqra'a) !

C) Dis !

182- Quel imam théologien et juriste a rapporté du Prophète Mouhammad (saws) plus de 2000 hadiths et fondateur de l'école malékite sunnite, auteur du livre « Al-Muwatta » ?

A) Ibn Majah

B) Abu Huraira

C) Anas Ibn Malik

183- Quel terme désigne le principal courant religieux de l'islam ou l'ensemble des communautés musulmanes fidèles à la sunna (Tradition du Prophète Mouhammad (saws) ?

A) Chiisme

B) Sunnisme

C) Kharidjisme

184- Quels sont les quatre grandes écoles de droit (madhhab) sunnites ?

A) Chiisme – Khardjisme – Jafarisme – Alouaisme

B) Jafarisme – Alouaisme – Ismaélisme – Zaidisme

C) Malékisme – Chafiisme – Hanafisme – Hanbalisme

185- Qui est ce collecteur de hadith, né en 810 à Boukhara (Iran), connu pour son célèbre ouvrage de compilation de hadiths ?

A) Abu Huraira

B) Abu Muslim

C) Al-Boukhari

186- Que signifie le terme en arabe « Oummahat al-Mou'minin » qui fait référence aux épouses du Prophète Mouhammad (saws) ?

A) Les mères des croyants

B) Les mères des musulmans

C) Les mères des pauvres

187- En 661, Après l'assassinat de Ali Ibn Abi Taleb le 4ème calife, Mu'awiyah Ibn Abi Sofyan s'empare du pouvoir. Quel califat fonde-t-il ?

A) Califat ottoman

B) Califat abbasside

C) Califat omeyyade

188- Lorsque les musulmans prononçent ou écrivent le nom d Mouhammad, quelle eulogie ajoutent-t-ils (« prière et paix sur lui ») ?

A) 'alayhi salatou wa salam

B) 'alayhi salam

C) Rassoul Allah

189- Quelle tribu tenta d'assassiner le Prophète (saws) peu après la bataille d'Uhud ?

A) Quraychites

B) Banu Qurayza

C) Banu Nadhir

190- Qui a pris en charge les épouses du prophète (saws) après la mort de ce dernier ?

A) Sa`d ibn Abi Waqqas

B) Zubayr Ibn Al-Awwam

C) 'Abdurrahman Ibn 'Awf

191- Quand le jeune de Ramadan fut rendu obligatoire ?

A) Juste avant la bataille de Badr en l'an 2 de l'Hégire

B) Juste après la bataille de Badr en l'an 2 de l'Hégire

C) Juste avant la bataille d'Ohod en l'an 3 de l'Hégire

192- Quel est le nom du roi qui offrit sa protection aux premiers émigrés musulmans ?

A) An-Namroud

B) Négus

C) Souleymane

193- Qui a donné son nom à la tribu Quraysh, tribu au sein de laquelle naquit le prophète (saws) ?

A) Qusay

B) Fihr

C) Abdel Manaf

194- Comment s'appelle le traité de paix entre les musulmans et Qouraych conclu en l'an 6 de l'hégire pour une trêve de 10 ans ?

A) Le pacte de Médine

B) Le pacte de la Mecque

C) Le pacte de Houdaybya

195- Quel chef de Qouraych accorda sa protection au prophète (saws) ?

A) Abou Sofien

B) Mou'tim

C) Oumayya

196- Quel ange lui transmet la révélation de la part de Dieu ?

A) Jibril (Gabriel)

B) Israfil

C) Mika'il (Mikael)

197- Le prophète (saws) a dit : « L'homme fort n'est pas celui qui terrasse son adversaire, mais l'homme fort est celui qui ...

A) sait se taire

B) qui mange la poussière

C) qui maitrise sa colère

198- Lors de l'émigration en Abyssinie, qui prit la parole devant Négus pour le convaincre de les accueillir (les musulmans émigrés) dans son pays ?

A) Amr Ibn Al'As

B) Ja'far Ibn Abi Taleb

C) Abou Bakr

199- Où est situé le cimetière d'Al-Baqi' où sont enterrés des défunts célèbres comme Othman Ibn Affan, Fatima Zahra, Hasan Ibn Ali et autres ?

A) La Médine

B) La Mecque

C) Le Caire

200- Comment s'appelle la salle de réunion (équivalent au parlement) de la Mecque ?

A) Dar Al Jamaa

B) Dar Al Hikma

C) Dar Al Nadwa

<u>Nota Bene</u>

*sws ou saws : ces écritures sont équivalentes et désignent une abréviation de « salla Allahou 'alyhi wa sallam » ce qui signifie « Que la bénédiction et le salut soient sur lui ».

*Mohammed / *Mohammad / *Mouhammed / *Muhammad / *Mouhammad : toutes ces écritures sont équivalentes et désignent le prénom du Prophète de l'islam.

Don't miss out!

Visit the website below and you can sign up to receive emails whenever WBwinner Publishing publishes a new book. There's no charge and no obligation.

https://books2read.com/r/B-A-ZSVDB-TDRZC

BOOKS 2 READ

Connecting independent readers to independent writers.

Also by WBwinner Publishing

Islam Quiz 300 Questions Answers
Quizz Islam 300 Questions Réponses
Muhammad Prophète de l'Islam Quizz 200 Questions Réponses
My First Book About Prophet Muhammad - Quizz 200 Questions Answers
Thank you from heart for helping me grow